창조문학대표시인선 · 252

가마우지의 한나절

김기욱 제3시집

창조문학사

□ 서시

이 세상
누구나 할 거 없이
자신의 의지와는 상관없이
사랑의 결과로
지금의 자리에까지 오지 않았나
그러게
삶을 살면서
사랑을 원천으로 하고
또
사랑을 원천으로 하여 살아가야만 한다
그게
부부 가족 사람과 사람 사물 자연 무엇이든
상관하지 말고
모두를 사랑으로 감싸고
사랑의 초석을 쌓으면서
삶을 살아야 하고 또 살아가야 한다
이건
태초에 우주가 생성되면서부터
약조된 거 이기에
우주의 섭리고 순리이니
그래서
거스를 수 없는 숙명이고 운명인 게다

시인의 말 대신*
- 2017년 3월
김 기 욱

가마우지의 한나절

무봉(無縫) 김기욱 제 3시집

| 차 례 |

제 1부 / 호박죽

제 2부 / 가마우지의 한나절

가마우지의 한나절
무봉(無縫) 김기욱 제 3시집

제 1부

탄생

설레는 마음 중
새 생명의 잉태와 탄생만 한 게 있으랴
지혜 명호 연을 맺어 살아오더니
닭띠 해 정월 초이렛날 11시 11분에
소행성을 탄생시켰다
이제
소행성은 행성으로
행성은 소우주로
소우주는 우주로 진화될 거다
우주 안에서
우주의 당당한 일원으로
탄생!, 탄생되었으니
저한테 맡겨진 순리를 저버리지 않는
그래서
제자리에서 제구실 다하는
행성으로 진화하여
세상을 밝게 아주 밝게 비추어 주는
우주 안의 한 소중한 일원이 되리라!

호박죽

어제 저녁에
시어머니가 가로사대
아버지 감기 드셨으니
당분간
집에 오지 않는 게 좋겠다
전염이라도 되면 큰일이야
……
그리고
다음날 아주 이른 아침
그러니까 해도 뜨기 전
양말도 신지 않은 채로
며늘아가와 아들이 왔다
나도 아내도
놀라서
이렇게 이른 아침에 웬일이니?
당분간 오면 안 된다고 그렇게 일렀건만
안고 있던
솥단지 내려놓으며
호박죽 좀 쑤어왔어요
하지만
서둘러서 보낼 수밖에 없다는 게 슬펐다
가뜩이나 저희들

회사 가기도 눈 코 뜰 새 없이 바쁜 시간일 텐데!
아무튼
덕분에 맛난 호박죽 한 그릇 뚝딱했더니
감기 몸살 꼬랑지도 보이지 않았다
명호 지혜야
고맙고 사랑한다

덤

덤

세상에서
제일로 기분 좋게 해주는 거다
그
덤 중에서도
덤으로 얻은 세월만한 게 또 있으랴
이제
덤으로 얻은 세월이 십년을 넘겼다
강산이 변한다는
그 십년을 넘겼으니
새삼
복을 많이 타고난 놈이란 생각이 들었다
이제
고만 챙겨주어도 되는데………
삼신할메께 간청해보아야 될 듯싶다

세상 부러울 게 아무것도 없다

양띠 해
정월 초하루 새해 새날
딸 사위
지민이 정민이 두 손자
아들 며느리
각시 나
빠진 사람이 없다
다 함께
식사를 하였다
음식, 더없이 맛있다
세상 부러울 게 아무것도 없다

우체국 가는 길

우체국 가는 길

마을 골목길로 가면 가깝다
공원 오솔길 따라가면 멀다
허나
골목길로 가면 멀다
공원 오솔길 따라가면 가깝다
모르겠다
언제나
발걸음은 공원 오솔길을 향한다

이런 횡재도 다 있다

농협 매장
30분은 족히 걸어야한다
아내와 둘이서
쌀
20kg짜리 한 포대
끌개에 싣고
아웅다웅
서로가 끌겠다고 야단이다
특히
비탈 오름길에서는 더 그랬다
그러는 사이
어느 결에 집에 다 왔다
그래봐야
끄는 건 내내 나 혼자다
그래도
힘은 둘로 나뉘어졌다
세상엔
이런 횡재도 다 있다

생강

햇살 고은 어느 가을날
농부의 손에 이끌려
삶의 터전
땅 속을 헤집고 세상 밖으로 나왔다
상인의 손을 거쳐 어느 부인의 손에 들려지고
그 다음 부터는
목욕재계하고
표피가 홀라당 벗겨지는 것도 부족해
칼로 저며서
눈부시고 따가운 햇살
창가에 터 잡더니
그렇게
포동포동 하던 몸매가
메마르고 앙상한 등걸고갱이가 됐다
그리고는 엄동설한
북풍한설 몰아치던 어느 날
한 여인의 손에 이끌려
아주 펄펄 끓는
물속에 던져졌다
인고의 시간을 보내니
몸속의 양분은 물론이고
끝내는 영혼마저도

끓는 물에 다 토해내고 말았다
이에
인간 속물들은
생강의
살신성인에 무감각이다
그저
제 입만 즐기면 그뿐이다
그러게 속물인 게다

밥상 풍경

언제나 그렇다
먹는 이는 둘 뿐이다
그럼에도
다툼은 항상 있다
밀고 밀치고
반찬 그릇은 늘 가운데를 차지하게 마련인 걸
뻔히 알면서도
밀고 밀치는 다툼은 멈출 줄을 모른다
나이 먹은 이의
거르지 않는 밥상머리 풍경인 게다

같은 한 인간인데!

양지에 쪼그리고 앉으면
아이 따뜻해라!
작열하는 태양 아래서는
아이 더워라!
청량하고 시원하면
아이 좋아라!
열매 그리고 낟알 보면
아이 풍성해라!
북풍한설 동장군하고 맞서면
아이 추워라!
그러니
다
철이 든 게다

도둑, 강도
사기에, 살인까지
그러고도
얼굴 그대로고
쥐구멍 찾지도 아니하고
오히려
당당하고
가슴 활짝 편 채로

백주 대낮
대로를 보란 듯 활개치고 다닌다
철이 안 든 게다

같은 한 인간인데!

사는 맛 절로난다

삼복(三伏)
손님이 귀신보다 무섭다 했는데
그래서인가
삼복이 저만치 물러나고
입추에 처서 백로가 지나고
추분이 코앞이다
불볕 찜통에 엄두를 못 냈던지
진객 낭자가
추분을 넘기지 않고 찾아왔다
청량함을 기다렸다는 듯
바로
찾아주었다
둘이 마주하고
지내온 이야기, 살아갈 이야기
두런두런 끝이 없다
자시가 넘어 축시 인시까지도
결국은 여명이 노크할 때까지도 계속이다
끝날 기미가 보이질 않는다
덕분에
뒤척이는 시간이 반으로 줄었다
큰 선물을 받은 게다
돌아갈 때까지는 그러리라 생각하니

요새는
사는 맛 절로난다

나보다 더 잘 꿰고 있다

신비스럽다
내 얼굴 스쳐지나 듯 보고서
어디 아파요?
감기 기운이 있나 봐요?
왜, 소화가 안돼요?
많이 먹나 싶더니 과식 했나 봐요?
아직도 피로가 덜 풀렸나 봐요
내 몸 상태를
나 보다 더 잘 꿰고 있다
함께 산
40년 세월의 내공이
신비에 가까운 통찰력이다
이런 저런 정이 키워낸 산물
세상 흔한 말로
이게
사랑이라 하는 건가!

세월은 세월인 게다

세월!

어떤 때는
제살 깎아먹듯
깎아먹고
또
어떤 때는
새가 알 품 듯
품어본다
어디 그뿐인가
어떤 때는
비정하게 내치고
또
어떤 때는
평온하리만큼
보듬어도 본다

허나
세월은 세월인 게다

모른다

우주
소우주
태양계
행성
위성
지구
사람
나

나 또 나도
머리에 쥐가 난다 가슴이 터질 거 같다

내 귀를 열어야겠다!

산
들
어느 한구석 말할게 없다
꽃 새싹 잎 무엇 할 거 없이
화사하고
상기되고
초롱초롱하고
미소를 머금은 입은
잠시도 쉬지 않고
소곤 소곤이다

세상의 모든 군상들
들짐승 날짐승들은 물론이고
온갖 미물까지도

눈, 서리, 찬바람 맞으며
인고의 시간을
자신의 몫으로 알고
죽을 둥 살 둥하며
가지고 온
조물주가 일러준 바로 그 말씀을
지금은

죽을 둥 살 둥하며
전해주고 있는 것이다.

내 귀를 크게 열어야겠다!

이런 친구도 있다!

대설이 코앞에 와있다
이른 새벽부터
흩뿌린 눈
날이 밝으면서
더 큰 눈송이로
퍼 부었다
그러다 심심하면
진눈깨비가 돼서 내린다
이른 새벽 여명이 찾아올 때 쯤
스마트폰 멜로디다
친구 「자서」다
“목요 산행 하는 날 맞지?”
“응, 그런데?”
“야, 임마
오늘 꼼짝하지 말고 집에 쿡 틀어박혀 있어
날씨가 너무 사나워“
....
이런 친구도 있다

응원군이 있어 참 좋다

귀찮다
머리 손질하기가
묶어서 꽁지머리 만들었더니
아내가
이발소에 가
단정하게 손질하란다
며느리가 오니
내 꽁지머리 흉으로 시작이다
듣고 있던 아들은
그냥 두세요
하시고 싶은 대로 하시게
며느리는
제 머리에 하고 있던 머리밴드
뽑아
아버지 우선 이걸로 하세요
고무줄로 하시면 아파요,
………
응원군이 있어 참 좋다

요란스런 단풍이다

내일은 김장 하는 날
오늘 준비 끝
마지막 단계
배추 화장시키는
속 만드는 작업도 종료
허리 펴는데
아내가 웃어 죽겠단다
가슴팍 배
옷소매
바짓가랑이고
모두가
단풍이 한물 이란다
그리고는
또
한바탕 웃음이다
내가 보아도
참
요란스런 단풍이 피었다

가을에게 거실을 내어주다

하늘도
기온도
제법 겨울 맛이다
대추에 모과
무청 시래기에 가지
그리고
생강까지다
해가 잘 드는 거실 한 쪽에
터 잡고
제각각 주인이란다
살금살금
한 놈 한 놈씩
언제부터인가 기어들어 와서
주인 행세인 것이다
터줏대감 화분의 풀꽃들
새 식구 늘어 싱글 벙글
허나
꼴사나운 것은 못 보겠는지
표정이 살짝 일그러진다.
어느새
가을에게 거실을 내어주었다
그래도

한 쪽 구석이 남아있음은
큰 행복이다

(창조문학 2016 가을호 신작시 발표작)

생일상

그 큰(?) 상에
맛난 음식이 하나 가득이다
며느리 손에서 나왔다
딸의 손
아내의 손도
조연 손으로 정성을 보탰다
두 손자, 지민이 정민이가 축하 노래 불러주니
거짓말처럼
상이 더 커졌다
진수성찬
먹어도, 먹어도 끝이 없다
이렇게 맛난 식사는 처음이다

옹벽의 멋쟁이

우리 아파트
골목길 층계 옆
옹벽
풀꽃도
나비도
바람개비도
비눗방울도
함께 모여 도란도란 산다
그 중에
오줌 싸는 잠지(?)가 여럿이다
그 중 하나
거기에
터 잡은 놈
담쟁이가 사는데
식구 중
최고의 멋쟁이다

무대

태양을 품은
쪽빛 바다에
옥구슬
은구슬이
두둥실 두리둥실

섬 섬 섬
졸고 있는 섬
화들짝
샘이 났는지
언제 졸았느냐는 듯
초롱초롱 해맑은 얼굴, 얼굴들
너울너울
덩실덩실 더덩실

어느 결에
내
영혼도
덩달아
파도타기를 즐긴다

(창조문학 2016 봄호 신작시 발표작)

친구를 배웅하면서

원숭이 해
아직도 정초인데,
북풍한설
동장군 서슬이 퍼렇다
연일
영하 10도 이하를 맴돌며
내일 모레는
영하 15도를 훌쩍 넘겨 곤두박질을 친단다
이 혹독한 때
무엇이 그리 바빴는지
행성을 떠나
우주유영의 여정에 오른 친구
동규다, 이동규
2011년 퇴직하고
앓아눕기 전까지
3년여 동안 매주 목요일
그것도
거의 빠지지 않고
산을 찾아 오르내리면서
청년시절 이야기
신혼 신접살림 이야기
애증의 부모 이야기

자식 손주들 이야기
학교 근무시절 이야기
팍팍한 삶의 현실 이야기
....
시 공간을 뛰어넘는 애기를
많이도 들려주었는데
좋은 곳 찾아
훌쩍 떠나버렸다
대답도 반응도 없는 친구 보내며
친구의 우주를 향한 여행길
평온 평안 행복한 여정 되라고
마음으로 빌었다
배웅을 하면서!

제 2부

가마우지의 한나절

동해 해파랑길을 걸었다
출렁이던 물결도
해안가 바위에 기대어 눕고
태양은
밤하늘 별보다
더 많은 구슬을 바다에 뿌려 놓는다
바다 한 가운데
우뚝 솟은 작은 바위 하나 외롭다
그 바위에
가족 일가도 모두 마실 나가고
혼자 앉아있는 가마우지 한 마리
매한가지다
둘이서 도란도란
모처럼, 정말 아주 오랜만에
고향 집
마을에 두고 온 추억 한 보따리
풀어헤쳐 놓았나 보다
한나절을 그렇게 보내고 있다

사람 살아가는 그림

섭리
원래는 단순 명료한 건데

겨울
북풍한설에
봄을 기다리는 건
따스함 때문이고
봄
보릿고개에
여름을 기다리는 건
풋보리 때문이고
여름
염제의 번득임에
가을을 기다리는 건
풍요와 여유로움 때문이고
가을
마지막 잎새에
겨울을 기다리는 건
가족의 온유함 때문이니
어느 하나
단순하지 않은 게 없고
어느 하나

섭리
또렷 명료하지 않은 게 없지 않은가
이게
사람 살아가는 그림인 게다

돌려보내야 하는데

초롱초롱
별무리
한 눈 가득

땅딸보
초원의 꽃무리도
한 눈 가득

초원의 영혼
말무리도
한 눈 가득

대 초원에서 담아온 영혼
별
꽃
말

이제는
제자리로
돌려보내야 한다
어서

돌려보내야 한다

돌아가야 하는데
꿈적도 않고
미동도 없다

어서
자기 고향
몽골 대초원으로
보내 주어야 하는데!
돌려보내야 하는데!

(몽골 다녀와서)

삼복(三伏)에는 산을 오르면 된다

초복 지난지도 사흘
죽부인이 그리워지는 때
1160 고지 국망봉 정상을 향해
계곡 시작점부터 밟는데
물소리와 냉기가
뼛속까지 시원하게 해 준다
다리는 고생이겠지만
육신은
청량감에 젖고
영혼은
무상(無想)에 젖는다
육신과 영혼
무엇을 더 바라겠는가!
삼복(三伏)에는 산을 오르면 된다

(창조문학 2015 겨울호 신작시 발표작)

산에 홀려 산에 오르니

그게
거기에 봉우리가 있어 산에 오르고
가족의 품이 있으니 오른 산 내려가야 한다.

산에 오르니
겨울잠에서 막 깨어난
계곡물
종알종알 중얼중얼 이고
두견새
처절하게 토해 낸 핏자국이
온 산을 불태우고
이에 질세라
철쭉이 더 강렬하게 맞불을 지핀다.

산에 오르니
맑고 청량한 공기에
볕을 가리는 녹음
게다가
솔바람까지 나서서 땀을 식혀주니
육신과 영혼이 호사 한다.

산에 오르는 산자락 아래

과수원, 그리고 들녘
감이고 사과는
발가벗은 채 보여주기가 민망했던지
모두가 홍당무다.
단풍 고운 건 아는지
억새란 놈
하얀 갈기를 흔들며
추파를 던진다.

산에 오르니
하얀 솜이불 덮은 산하
평온과 행복이
내 영혼을 덮어준다.

산에 오르니
풀꽃 웃음에 눈이 즐겁고
솔새 계곡물 풀벌레 합창에
귀가호사하고

산에 오르니
살면서 힘든 게 있으면
고라니 등에 실어 보내고

일제 수탈의 상흔을 지금도 보고 싶으면
산등성이
가슴뼈 다 들어낸 소나무를 보면 되고
조선 시대 선비의 기개를 보고 싶으면
고산지대
소나무고 주목의 고사목을 보면 알 수 있다.

산에 오르니
삶의 안주로 나태해진
육신과 영혼에
인고의 기회도
동시에
정도의 길을 열어주기도 한다.

(산행 에세이 '산에 홀려 산에 오르니' 중 서시)

매미의 정성

이제
말복도 코앞이다
염제(炎帝)는 더 크게 눈알 부라리고
태양은 불볕을 더 강하게 내 뿜는다
이에
매미가 맞선다
아랑곳 하지 않고
애절한 소망을
애절한 사랑의 세레나데를
하루
이틀
사흘
....
밤 낮 없이
목청 돋우어 부른 노래가
하늘에 닿았는지
구름 조각 쌓아 파란 호수 만들고
호수 위
잠자리가 유유자적이다
땅에 닿았는지
수목 가지가 얼쑤
풀잎 도리도리

모두가 어우러진다
덕분에
신바람 난 건
나뿐인가 하노라

자연에 묻히던 날

여름 끝자락
가을의 문턱
오늘
처서다
치악 남대봉 끼고 도는 계곡
하늘
바람
물
모두가 하나다
맑고
청량하고
순수함의
원형질이 그렇다
어느새
영혼은 하늘을 날고
육신은 얼~쑤 좋다고 주체를 못하고
이에
행복한 건
나! 뿐이다

나이아가라폭포

세인트로렌스강 허리에
그렇게 거기에 터 잡고 있었다
무엇 하나 거칠게 없고
단
1초의 주저함도 없이 내리곤두박질 치는 용기
기개가 하늘까지 닿을 박력
천지를
가르고도 남을 에너지
포효의 함성
그리고는
고운 빛
일곱 색깔 무지개로
스쳐지나간 자리를 남기고 스러진다.

(캐나다를 여행 하고)

그저, 경이로운 작품일 수밖에 없는 게다

태초
그러니까
지구를 막 빚어놓고
신들이 모여
수채화를 그리다가
놀이삼아
세인트로렌스강에
물감 한 방울씩 떨어뜨린 게
마블링 작품이 되어
천섬이 되었나 보다
신들의 손끝에서 나왔으니
그저
경이로울 수밖에 없는 게다

(캐나다 천 섬을 여행 하고)

노인봉과 소금강

산 속에 물이 있고
물속에 산이 있다
물은
바위를 타고 흐르고
단풍은 세월을 타고 물들고
영혼은
그 속에 빠져들어 허우적이다
끝내
시름만 남겨둔 채로
발길을 옮기고 말았다

분명 말 못할 사연이 있을 게다

전라도 하고 진안
거기에 가면
구봉산이 터를 잡고 있다
묘한 일이다
1봉서 8봉까지는
몇 발자국 지척에
올망졸망
이마를 맞대고
정겹게 터를 잡고 있다
한데
9봉은
5리도 넘게 저만치 혼자다
가는 길 험하여
많이 아주 많이 힘들다
그러니까
구봉은 오지에
홀로 외로이 터를 잡았다
분명
말 못할 사연이 있을 게다

철부지

벌써
입동이 지나고
내일 모레면 소설이다
이제
영하의 날씨도 머지않았다
가을을 수놓은
단풍
낙엽이 되어
밟고 지나는 길손들
마음 평온하고 정감에 취하게 하는 때
구봉산
5봉에서 8봉까지
600고지 700고지 등성이에
한 그루
두 그루
………
여덟 그루
만개한 진달래다
이렇게
철 안든 건 처음이다

반짝이는 보석으로 다시 태어났다

소설도 막 지나고
겨울 문턱에서
민둥산 올라가는 데
가는 가을
아쉬움만 가득했던지
서럽고 서러워
길 가 큰 바위
눈물만 주르륵 주르륵
하루 종일 흐르던 눈물
어느 틈엔가
수정고드름 되어
아침 햇살에
반짝이는 보석으로 다시 태어났다

설경

지금은
음력 시월상달
이제 그 꼬리가 보인다
그리고
동짓달이 개장을 앞두고
심술인지 환영인지
눈송이가 탐스럽다
제법 쌓인 만큼이다
소나무고 나목이고
모두가
하얗게 뒤집어썼다
내 머리
서리 맞은 거 꼭 닮았다
그래서인가
반갑기가
어린 시절 소꿉친구
오랜만에 만남과 같다

산엔 왜 오르는고 하니

산에 오르는 명분이 분명하다
산 식구들
모두가
오라한다
오르느라 흘린 땀
바람이 목욕시켜주고
세월의 변화는
숲이 보여주고
일상의 피로에 지친 영혼은
구름 안무가 달래준다
대청봉 마루턱에 앉아
한 숨 돌리려 하면
애기 다람쥐 찾아와
숨바꼭질 하잔다
낙엽이 살랑살랑
다음에도 꼬옥 오라 손짓 한다
어디 이뿐이랴
계곡물 두런두런
새들 종알종알
나뭇가지 사이로
해님과 살짝 마주 한다
무엇 하나 미운 게 없다

모두
내 영혼을 홀리고
내 영혼을 맑게 씻어준다
그러니
산에 오르는 이유가 분명하지 아니한가!

그저 하하하!~

참 센 바람이다
사람들은
칼바람이라 말 한다
귀때기가 떨어져 나가고
양 볼이 얼어서 등걸고갱이 이고
실눈을 떠야하고
턱은 움직일 기미가 없다
그러기를
소백 비로봉 정상에서 대피소 까지다

정신을 차리고
칼바람에게 물었다
왜 그랬냐? 고
그건
'니네가 그리 하라고
칼바람이라 이름을 붙여 주지 않았니?
이름값 해야 되지 않겠어?'
눈만 껌벅껌벅
입을 열지 못 한다

이게 뭔 말이지!?
푸르디푸른 하늘을 올려다보고
그저 하하하!~

선달에서야 깨달았다

문학산 터주 대감
생강나무
잎을 다 내려놓은
그래서 나목이 돼
북풍한설에
동장군이 가세한 시달림도 마다하고
앙상한 가지에 꼭 붙어있는 생강나무 꽃눈
그런데
그냥 붙어있는 게 아니다
벌써
푸른 화장에 노란 연지곤지 찍어
풋풋한 얼굴 가꾸기에 여념이 없다
이렇게
인고의 시간 보내며
봄을 준비하고 있으니
봄이 되면
꽃 중에 첫 번째로 피어나
봄의 전령으로 자리매김 하는 걸
선달에서야 깨달았다

임자가 따로 있다 하지 않았나!

산길을 걷다보니 층계다
첫 번째 오르는 계단이 높다
누군가가
큼직하고 널찍한 돌 하나 놓았다
그게
이렇게 저렇게 밟아보아도
뒤뚝뒤뚝
안전사고 우려가 있다 싶어
이런 모양 저런 모양
이런 크기 저런 크기
몇 개를 주어다
괴어보아도 영 신통치가 않았다
내
통찰력의 한계점인 게다
마지막이라 생각하고
첫 눈에 띈 대로
아무 생각 없이
생긴 것도, 크기도 따지지 않고
돌 하나 주어다 받혀놓았더니
그게 안성맞춤이었다
임자가 따로 있다 하지 않았나!

조락의 길이 얹혀진 산길을 걷는 할메

문학산
길이 참 많다
군상(群像)들이 꾸준히 만들어 놓은 게다
그 길 위에
조락의 길을 짊어진
「ㄱ」자 할메가
배낭 하나 더 얹어서
가쁜 숨 고르며 오른다
산길 위에
조락의 길이 얹혀 진 길
군상들
모두가 할메의 길을 밟고 있다

철들지 않은 게다

산수유가 정좌하고
진달래
버찌
개복숭아
……
온통 꽃구름이 뭉실뭉실
그러다가
때가 되니
붙잡았던 손 공손히 놓고
육신에서 떠난다
그리고는
잎새에게 고스란히 자리를 넘겨준다
모두가 철이 든 게다
인간 군상들만이
욕심이 하늘을 찌를 듯 목구멍까지 차서
때를 찾지 못하고 있다

또렷하게 다 본거다

참새 한 마리
이른 아침
거실 배란다 난간에 앉았다
언제부터 와 있었는지
앉아서는
눈을 크게 부릅뜨고
두리번두리번 뚫어져라 바라본다
그러니 내 일거수일투족
게다가
몸 짱도 아닌 누드의 육신까지
또렷하게 다 본거다
생각하니
온몸에 소름 끼친다
윤동주 시인은
"죽는 날까지 하늘을 우러러 한 점 부끄럼이 없기를"
기도했는데………

(창조문학 2016 가을호 신작시 발표작)

낙엽

봄
관을 타고 흐르는
한 줄기 물과 양분의 힘을 받아
겨우내 웅크리고 있던
작디작은
세포조각 하나였던 것이
소우주로 탄생되었다
어미는 단단히 일러두었다
어떤 일이 있어도
태풍이 눈을 부라려도
찌는 듯 작열하는 땡볕이라도
해충 병마가 찾아와도
절대로
어미 손 놓아서는 안 된다
그리고
가을 어느 날
얘야! 이제는 때가 왔구나!
손을 놓아야 할 때가!
놀란 소우주는
어미의 차디 찬 얼굴 표정에 질려
얼떨결에
손을 놓치고………

바들바들 떨며
가슴 시리도록
서럽고 애가 끓는 심정으로
허공을 배회 하다가………
이렇게
손을 놓던 날
소우주의 전설은 시작 된다

(창조문학 2016 가을호 신작시 발표작)

눈도 사람을 즐기나 보다

눈 세상이다
용봉산
기암 봉우리
나뭇가지
앙상한 산등성이
산골 물줄기까지도
온통 희다
온종일 눈밭에 나가
헤집고 다녔더니만
눈빛이
내 얼굴에 내려앉아서
소꿉장난을 했나보다
가뜩이나 잘 생긴(?) 얼굴에
그 자국을 남겨놓은 채로
훌쩍 가버렸다
눈도 사람을 즐기나 보다

산새 한 마리

오대산
온통 두툼한 하얀 솜이불을 덮고 있다
하늘 땅 바람
세상 모두 다
숨조차 멈추었다
그 와중에
살아 심장이 뛰는 놈은
애기 주먹만 한
산새 한 마리뿐이다
그 작디작은 몸통으로
우주와 겨루기를 하려는 걸까
앉아 있는 자태가
그렇다고 말해주고 있다

(창조문학 2016 가을호 신작시 발표작)

억새의 군무

하늘 높고 푸른
청명한 어느 가을날
바람이 피아노 되어
선율을 들려주는 대로
군무를 춘다
세월이 물들여 준
하얀 머리카락을 찰랑대며
야윈 몸
고추 세우고
때로는 곡선을 만들며
그냥
저 혼자 좋아서
어찌 할 줄 몰라 한다
무리지은 군상들이야
보든지 말든지
자기 흥에 자기가 빠져들어
흐느적거리며 군무를 춘다

(창조문학 2016 겨울호 신작시 발표작)

댕기머리 아가씨

무등산에 올랐더니
모두가
수줍은 댕기머리 아가씨다
연단풍 진단풍
홍조를 띈 얼굴이 말해주고 있다
왜
그런가 보았더니
골짜기 건너 마을 재에 서있는
억새란 놈
연신
눈웃음으로 추파를 던지고
그도 모자라
하얀 체머리 흔들며 오라 하니
부끄러워 그리 됐나보다

생명의 원천이 되어준다

만물이 소생한다는 철
나목들 줄기마다
아귀를 틔우느라 열 올린다
세상 멋모르고 좋아 할 새도 없이
그렇게 돋아난 잎새

그 덥다는 삼복
불볕 작열하는 태양을
정공법으로 맞서
제 몸통 살찌우겠다고
혼신을 다해 땀 흘린다

말이 살찐다는 가을
지니고 있던
양분은 뿌리, 줄기, 열매로 몽땅 다 보내고
수분마저도 다 내줬다

동장군 눈알 부라리고 호령하는 엄동설한
땅바닥에 떨어져
만물 이불 되어 덮어주고
밟혀서 바스러지고
미생물 양분되어 분해돼도

결국엔 몸통으로 돌아가
생명의 원천이 되어준다

살맛나는 나목

누가
겨울 산을
적막강산이라 했는가?
동네
개구쟁이들 다 들어와
신명이 났다
말뚝 박기에
정신 팔려
등이 휘도록 올라타 있다
보고 있던 해님
이제 고만 술래 바꿔야지
어느새
등에서는 땀이 줄줄 흐른다
겨울을 나는 나목
그래서
살맛이 나는 게다

(창조문학 2016 겨울호 신작시 발표작)

군상들 입방아 찧는 소리

문학산도 여느 산과 같다
요새는
아카시아꽃이 제철이다
흐드러지게 핀 게 장관이다
근데 안타깝다
벌도 보이지 않고
색깔은
사람들 눈이 가져가서
눈부시지 못하고
향기는
사람들 코가 가져가서
청량하지 못하다
그러고도
군상들은
꽃이 전만 같지 못하다고 입방아 찧는다

삶이 버거워 지면

기대고 싶어지는 때도 있다
어떤 때는 잠시 동안만
어떤 때는 속절없이

누군가의 등에 기대어
누군가의 가슴에 안기어
그렇게 기대야만
자신의 육체와 영혼을
…………

덕유산에 오르니

거기
한 나무와
또
한 나무가 있다
그 자리에
그렇게
서 있는 두 나무!

(창조문학 2016 겨울호 신작시 발표작)

바람은 심술꾸러기다

심술이다
무슨 심산인지 알 수가 없다
한참은
곱디고운 단풍에 질투가 났는지
나뭇가지 흔들어
기어코
잡은 손 놓게 하더니
이제는
햇살 받아
평온함을 누리는 게
심술이 났는지
떼굴떼굴 굴리기도 하고
100m 경주도 시키고
하다가
미안 했든지
이웃 동네로
살짝 마실 보내준다
그래도
바람은 심술꾸러기다

(창조문학 2016 봄호 신작시 발표작)

나무의 웅변

호랑이는 죽어서
가죽으로
나무는 죽어서
강골 선비의 자태를 지닌 고사목으로
사람은 죽어서
이름으로
이 세상 왔던 흔적 남긴다
허나
이 세상 모든 사물이
다 그러하지는 않다는 것을
한 나무가
알몸으로 웅변하고 있다
자연으로 귀의하는 모습으로

(창조문학 2016 겨울호 신작시 발표작)

산길에서

하던 대로
오늘도 문학산에 올랐다

앞에 가는 길손을 앞서려는데
한 아주머니
"딸 둘 다 시집보냈지"
동행 아주머니
"어머머, 어떻게 다 보낼 수가 있어,
야아~ 대단하네"

또
한 무리
길손들
"이젠 허리도 무르팍도……,
어디 세월 이기는 장사 있으려고"

듣고만 있던
길가
풀잎이고, 나뭇가지가
알겠다는 듯
고개를 끄덕끄덕

지나치는
사람들만이
반응도 대꾸도 없다

나뿐이다

선달도
중순에서 하순으로 넘어가고 있다
아침 내내 눈이다
문학산에 올랐다
그래봐야
은백의 무대에
나목에
콩새 박새 솔새 굴뚝새
그리고
나뿐이다

□ 해설

존재의 순리와 사랑의 시학

- 김기욱 시인의 시집 『가마우지의 한나절』

홍 문 표

(시인 · 평론가 · 전 오산대학교 총장)

무봉(無縫) 김기욱 시인이 세 번째 시집 『가마우지의 한나절』을 상재하게 되었다. 일찍이 문학에 뜻을 두고 있었으나 젊어서는 후학을 양성하는 교육에 헌신하였고 이제 삶의 경륜과 지혜가 무르익고 있는 후반기에 그 뜻을 꽃피우고자 수년전 창조문학을 통해 시단에서 등단하였다. 그런데 첫시집 『여운이 기인 메아리가 귀를 노크하다』를 발표하더니 두 번째 시집 『서리꽃 한 바지게 받은 한라산 나목』을 내었고, 이번에 세 번째 시집을 내고 있으니 그동안 내면에 축적되었던 시적 잠재력이 일거에 용광로의 불꽃처럼 분출하는 것이라고 해야 하겠다.

김 시인은 시집 이외에도 그동안 회고록으로 『삶 · 배움 · 가르침』을 발표하였고, 여행 수필집 『여행이 속삭여 주는 세상 살아가는 이야기』, 산행 수필집『산에 홀려 산에 오르니』를 발표한 것을 보면 그는 단지 시만 쓰는 시인이 아니라 삶에 대한 폭넓은 성찰과 경험의 문장력을 구비한 매우 문학의 뿌리가 튼튼한 시인임을 알게 된다.

김 시인은 이번 시집의 제목을『가마우지의 한 나절』이라고 하였다. 모든 시어가 상징적이거나 시의 내면적 소망에 대한 투사라고 할 때, 먼저 가마우지라는 제목이 예사롭지 않게 다가온다. 가마우지는 새지만 물에서 주로 사는 새다. 그의 삶은 날개가 있어도 무한히 하늘을 나는 자유가 아니라 물에서 살고 물속의 고기를 낚아서 사는 새다. 그런데 사람들은 이 새를 잡아 날개를 자르고는 한 쪽 발에는 끈을 매고, 목을 살짝 묶어 물고기를 잡아도 넘기지 못하게 하고는 물고기를 잡으면 발목을 잡아 당겨 그가 잡은 물고기를 뺏는다.

그러니 가마우지는 평생 인간에게 붙들려 그가 잡은 물고기는 인간들에게 착취당하는 안쓰러운 새다. 그렇다면 그는 이번 시집의「가마우지의 한나절」이란 작품에서 무엇을 드러내고자 하였을까.

동해 해파랑 길을 걸었다
출렁이던 물결도
해안가 바위에 기대어 눕고
태양은
밤하늘별보다
더 많은 구슬을 바다에 뿌려 놓는다
바다 한 가운데
우뚝 솟은 작은 바위 하나 외롭다
그 바위에
가족 일가도 모두 마실 나가고
혼자 앉아있는 가마우지 한 마리
매한가지다
둘이서 도란도란
모처럼, 정말 아주 오랜만에
고향 집
마을에 두고 온 추억 한 보따리

풀어헤쳐 놓았나 보다
한나절을 그렇게 보내고 있다

- 「가마우지의 한나절」 전문

우선 시인은 해파랑 길에서 몇 가지 장면들을 시적 이미지로 드러내고 있다. 먼저 출렁이던 물결이 해안가 바위에 앉는다고 했다. 바위와 물결의 평화로운 만남이다. 한편 태양은 밤하늘 별 보다 많은 구슬을 바다에 뿌려 놓는다고 했다. 잔 물결치는 바다와 햇살의 만남이다. 모두 평화롭고 넉넉한 분위기다. 그런데 그 바다 가운데 외로운 바위 하나가 있다. 그리고 그 바위엔 가족 일가도 없이 홀로 앉아 있는 가마우지 한 마리 있다. 평화롭고 눈부신 바다 한 가운데 외로운 섬 하나와 홀로 그 바위에 앉아 있는 가마우지 한 마리, 이 가마우지는 비록 인간에게 잡혀 있는 경우는 아닐지라도 극도의 외로움을 느끼게 하는 존재임에 틀림없다.

이렇게 외로운 가마우지를 제시하더니 갑자기 '매한가지다'라는 말로 시상을 전환한다. 여기서 매한가지란 누구와. 또는 무엇과 매한가지라는 말인가. 그것은 다음 구절에서 확인하게 된다. 모처럼 정말 아주 오랜만에 고향집 마을에 두고 온 추억 한보따리씩 풀었다는 말에서 가마우지와 시적 화자가 같은 처지라는 것이고 그래서 매한가지가 된다는 말이다. 이러한 동질감 속에서 가마우지와 시적 화자는 서로가 지난날의 추억을 한나절이나 정말 오랜 만에 도란도란 주고받을 수 있었다. 여기서 우리는 외로운 가마우지나 시적 화자나 모든 존재들은 정말 풀어놓고 싶은 추억 한 보따리를 갖고 있는 존재이며 그러한 추억을 풀어놓고 싶은 욕망을 가진 존재라는 것을 이 시집의 제목이 되는 「가마우지의 한나절」에서 깊이 공감하게 된다.

사실 시인이든 인생이든 모든 존재들은 스스로의 존재 자각이 필요하다. 먼저 자아와 존재에 대한 깊은 성찰과 자각이 있고서야 세상을 바라 볼 수 있고 삶을 바르게 세울 수 있다. 이러한 점에서 김 시인의 시적 세계는 이러한 존재자각의 반석 위에 세워진 진지한 건축이라고 해야 할 것이다.

선달도
중순에서 하순으로 넘어가고 있다
아침 내내 눈이다
문학산에 올랐다
그래봐야
은백의 무대에
나목에
콩새 박새 솔새 굴뚝새
그리고
나뿐이다

－「나뿐이다」 전문

세월!

어떤 때는
제살 깎아먹듯
깎아먹고
또
어떤 때는
새가 알 품 듯
품어본다
어디 그뿐인가
어떤 때는
비정하게 내치고
또

어떤 때는
평온하리만큼
보듬어도 본다

허나
세월은 세월인 게다

–「세월은 세월인 게다」 전문

모든 존재는 홀로라는 존재인식은 시「나 뿐이다」에서도 잘 드러나고 있다. 해가 다 가는 섣달, 눈 내리는 문학 산에 올랐다. 산에 올랐다는 것은 속세를 벗어났단 말이다. 높은 곳에서 세상을 본다는 말이기도 하다. 거기서 시적 화자가 발견한 것은 무엇인가. 거기엔 은빛의 무대와 모든 것을 벗어 던진 나목, 그리고 그렇게 드러나지도 않은 콩새, 박새, 솔새, 굴뚝새, 그리고 나뿐이라는 사실을 알게 된다. 이렇게 모든 존재는 홀로인 것이며 더욱 '나'라는 자아 역시 홀로라는 것을 절감한다.

이러한 단절감은「세월은 세월인 게다」에서 더욱 심화된다. 모든 존재는 시간에 집착한다. 인간은 늘 시간의 관리자라고 착각하기도 한다. 그래서 때로는 시간을 깎아먹기도 하고, 품어 보기도 하고, 내치기도 하고, 보듬어 보려고도 한다. 인간이 우주의 주재자이고, 삶의 주체라는 망상 때문이다. 그러나 "세월은 세월인 게다" 인간은 아무리 설쳐대도 세월의 주관자나 관리자가 아니라 시간을 관리하는 주체는 인간이 아니라 우주자연이고 절대자다. 이 엄연한 순리와 천리를 망각하고 사는 것이 인생이다.

그렇다면 이처럼 외로운 타자로서의 인간은 어떻게 살아야 하는 것인가. 그 길을 김 시인은 작품「사람 살아가는 그림」

과 「서시」에서 명료하게 제시해주고 있다.

가을을 기다리는 건
풍요와 여유로움 때문이고
가을
마지막 잎새에
겨울을 기다리는 건
가족의 온유함 때문이니

이 세상
누구나 할 거 없이
자신의 의지와는 상관없이
사랑의 결과로
지금의 자리에까지 오지 않았나
그러게
삶을 살면서
사랑을 원천으로 하고
또
사랑을 원천으로 하여 살아가야만 한다
그게
부부 가족 사람과 사람 사물 자연 무엇이든
상관하지 말고
모두를 사랑으로 감싸고
사랑의 초석을 쌓으면서
삶을 살아야 하고 또 살아가야 한다
이건
태초에 우주가 생성되면서부터
약조된 거 이기에
우주의 섭리고 순리이니
그래서
거스를 수 없는 숙명이고 운명인 게다

「서시」 전문

「사람 살아가는 그림」 여기서 그림이란 무엇일까. 그림이란 어떤 사물을 도형화한 것을 말한다. 따라서 그림은 그 대상의 내면이나 외면의 진심을 드러낸 흔적이고 실마리가 된다. 그렇다면 「사람 살아가는 그림」은 바로 사람 살아가는 실상이거나 진면목이다. 이를 이 시의 본문에서는 '섭리'라는 말로 단정하고 있다. 섭리란 무엇인가. 우주 자연을 지배하고 있는 원리와 법칙이다. 이는 우주자연 뿐만 아니라 만물의 영장이라고 생각하는 인간의 시간과 운명과 도리도 모두 절대자의 섭리 안에 있다. 따라서 우주자연이나 인간 모두 그 섭리의 장중에 있는 것이다. 그러기에 절대자의 섭리를 따를 수밖에 없는 것이 인간이라는 이 단순 명료한 진리를 깨닫고 따르는 것이 바로 '사람 살아가는 그림'이 된다. 그래서 서두에 "섭리/ 원래는 단순 명료한 건데"라고 하였다.

그리고 그 명료한 이유를 봄, 여름, 가을, 겨울이라는 사계를 통해 증명하는데 그는 증명이 바로 시적 상상력에 의해, 독특하게 해석되고 있다. 겨울에 봄을 기다리는 것은 따스함 때문이고, 여름을 기다리는 것은 풋보리 때문이고 겨울을 기다리는 것은 가족의 온유함 때문이라는 것이다. 이는 계절의 변화와 소박한 삶의 순리를 말하는 것인데 이게 바로 사람, 살아가는 근본이라는 것이다.

그리고 이러한 순리를 보다 서정적으로 극대화시킨 세계가 바로 작품 「서시」를 통해 잘 드러나고 있다. 시인은 서시에서 인간은 누구나 사랑의 결과로 지금의 자리에까지 오게 되었다고 했다. 이처럼 인간의 존재이유를 사랑의 결과로 단정할 수 있었던 것은 앞서 「가마우지의 한나절」이나 「나뿐이다」 「세월은 세월인 게다」 등의 작품을 통해 나는 누구이며 어떤 존재인가를 철저히 검증한 결과이기도 하다. 앞서 시인은 바다 가운데 바위섬 하나, 거기에 홀로 앉아 있는 가마우지 한 마리에 대한 심한 연민을 느낀다고 했다. 천지자연에 오직 나뿐이라고도 했다. 세월도 내 것이 아니라고도 했다. 이러한 단절감의 존재인식에서 인간은 우주자연의 섭리에 순응하는 것이 사람 살아가는 그림이라고 했다.

그렇다면 섭리에 순응하는 구체적인 방법이 무엇인가. 그것을 시인은 사랑이라고 했다. 사랑에는 위로부터 내려 받는 아가페적인 사랑이 있고, 인간끼리 또는 피조물들이 주고받는 수평적인 사랑이 있다. 이 우주 자연 속에 내가 존재하는 것은 바로 아가페적인 사랑의 결과다. 이를 시인은 자신의 의지와는 상관없는 사랑의 결과라 했다. 이처럼 위로부터 또는 절대적 존재로부터 내려 받은 사랑을 섭리라 했고, 기독교에서는 이를 은혜라고도 한다. 이 거대한 우주 만물 속에 내가 존재할 수 있다는 것은 정말 기적 같은 섭리이고 은혜이고 사랑이다. 그렇다면 인간은 어떻게 살아야하나. 이 점에 대하여 시인은 '그러게'라는 말로 화두를 바꾼다. 그러게는 그렇기 때문이라는 뜻이다. 애당초, 인간은 절대자의 사랑으로 존재할 수 있게 된 존재이기에 그러게 우리도 삶을 살면서 사랑을 원천으로 하고 사랑을 실천해야 하는 것이다. 따라서 우리는 마땅히 부부, 가족, 사람과 사람, 사물 자연 무엇이든 사랑으로 감싸고, 사랑을 쌓아가며 사는 것이 태초부터 약조된 우주의 섭리고 순리고 거스를 수 없는 숙명이고 운명이라는 것이 바로 김 시인의 사랑학이고, 김 시인이 시를 통해 실천하고 있는 사랑의 시학이 된다.

그렇다면 김 시인이 실천하고 있는 사랑의 시학은 어떻게 구체화되고 있을까. 그것은 크게 자연 사랑과 인간 사랑으로 나눌 수 있다. 먼저 자연 사랑을 보자.

산
들
어느 한구석 말할게 없다
꽃 새싹 잎 무엇 할 거 없이
화사하고
상기되고
초롱초롱하고
미소를 머금은 입은
잠시도 쉬지 않고
소곤 소곤이다

세상의 모든 군상들
들짐승 날짐승들은 물론이고
온갖 미물까지도

눈, 서리, 찬바람 맞으며
인고의 시간을
자신의 몫으로 알고
죽을 둥 살 둥하며
가지고 온
조물주가 일러준 바로 그 말씀을
지금은
죽을 둥 살 둥하며
전해주고 있는 것이다.

내 귀를 크게 열어야겠다!

–「내 귀를 열어야겠다」 전문

태양을 품은
쪽빛 바다에
옥구슬
은구슬이

두둥실 두리둥실

섬 섬 섬
졸고 있는 섬
화들짝
샘이 났는지
언제 졸았느냐는 듯
초롱초롱 해맑은 얼굴, 얼굴들
너울너울
덩실덩실 더덩실

어느 결에
내
영혼도
덩달아
파도타기를 즐긴다

-「무대」 전문

자연에 묻히던 날

여름 끝자락
가을의 문턱
오늘
처서다
치악 남대봉 끼고 도는 계곡
하늘
바람
물
모두가 하나다
맑고
청량하고
순수함의
원형질이 그렇다

어느새
영혼은 하늘을 날고
육신은 얼~쑤 좋다고 주체를 못하고
이에
행복한 건
나! 뿐이다

-「자연에 묻히던 날」 전문

「내 귀를 열어야겠다」는 산과 들 온갖 동식물들이 소곤소곤 사랑을 나누며 "조물주가 일러준 바로 그 말씀을" 죽을 둥 살 둥 실천하는 모습을 보면서 내 귀를 크게 열어야겠다는 다짐을 한다. 여기서 귀를 크게 열어야겠다는 무슨 말인가. 섭리와 순리에 순응하며 사랑을 나누는 자연의 삶에서 나도 삶의 도리를 배우고 깨달아야 하겠다는 겸허한 고백이라고 해야 할 것이다. 자연은 눈, 서리 비바람 맞으며 인고의 시간을 자신의 몫으로 알고 철저히 순응하고 있을 뿐만 아니라 인간에게도 그 섭리를 가르쳐 주고 있는 것이다.

자연 사랑의 진면목은 작품 「무대」를 통해서도 잘 들어나고 있다. 이 작품은 바다라는 무대에서 그들이 어떻게 사랑을 나누며 멋진 드라마를 연출하고 있는지를 시적인 형상을 통해 잘 보여주고 있다. 첫 연에서는 태양을 품은 쪽빛 바다가 옥구슬 은구슬을 굴리며 두루뭉술 어울리는 장면이다. 둘째 연에서는 바다에 떠 있는 섬들이 초롱초롱 해 맑은 얼굴로 너울너울 덩실 덩실, 춤을 추는 열락의 장면이다. 첫째 연에서는 이처럼 자연끼리 사랑을 나누며 굿판을 벌리는데 어느 결에 내 영혼도 덩달아 자연과 사랑을 나누는 상태가 된다. 이를 동양적 논리로 말하면 물아일체(物我一體)의 경지에 이른 것이라 할 수 있다. 노자는 사람이 천리에 순응하는 것은 인간의 온갖 지욕을 없애고 물아일체의 상태에서 천성에 합일하는 것이라 했는데 김 시인은 바로 작품「무대」에서 자연과 합일하는 자연 사랑의 모습을 보인다.

이런 자연사랑은 마침내「자연에 묻히던 날」에 이르러 온전한 합일 속에 행복감을 느끼는 시적 해탈의 경지에 이르게 된다. "하늘/ 바람/ 물/모두가 하나다"라 하며 자연간의 합일을 이루더니 "어느새/ 영혼은 하늘을 날고/ 육신은 얼-쑤 좋다고 주체를 못하고" 영혼이 훨훨 하늘을 날거나. 육신이 얼-쑤 얼-쑤 춤을 추는 상태는 단순한 합일의 경지를 넘어 합일을 통한 구원과 해탈의 충만함을 경험하는 충만함의 상태다. 이는 많은 시학이 단지 인간과 자연의 합일에서 끝나는 인위적인 언술이 아니라 합일을 통한 구원의 황홀경이 된다. 종교에서는 인간이 신과 접하게 되었을 때 그 무아지경의 황홀한 체험을 엑스타시 라고 한다. 이는 그리스어로 자기 바깥에 서 있는 상태다. 존재나 의지가 신과 하나 되어 황홀한 상태가 되는 것을 말한다.

발레리는 산문과 시를 구별하면서 산문은 걸어가기이고 시는 춤추기라고 하였다. 시의 진정한 경지는 춤을 추는 상태다. 지금 김 시인의 자연사랑은 단지 사랑이란 용어에 얽매어 있는 것이 아니라 자연과 자연, 인간과 자연이 한데 어우러져 사랑을 하며 그 사랑의 감동은 마침내 춤으로 비상하고 해방되는 것이다.

한편 김 시인의 이번 시집에서 보여주고 있는 사랑의 시학은 자연 사랑과 함께 인간 사랑을 또 다른 날개로 하고 있다. 그 중에서도 가족 사랑의 시가 두드러지고 있다.

세상 부러울 게 아무것도 없다

양띠 해
정월 초하루 새해 새날
딸 사위
지민이 정민이 두 손자
아들 며느리
각시 나
빠진 사람이 없다
다 함께
식사를 하였다
음식, 더없이 맛있다
세상 부러울 게 아무것도 없다

–「세상 부러울 게 아무것도 없다」 전문

신비스럽다
내 얼굴 스쳐지나 듯 보고서
어디 아파요?
감기 기운이 있나 봐요?
왜, 소화가 안돼요?
많이 먹나 싶더니 과식 했나 봐요?
아직도 피로가 덜 풀렸나 봐요
내 몸 상태를
나 보다 더 잘 꿰고 있다
함께 산
40년 세월의 내공이
신비에 가까운 통찰력이다
이런 저런 정이 키워낸 산물
세상 흔한 말로
이게
사랑이라 하는 건가!

-「나보다 더 잘 꿰고 있다」 전문

가족은 부모, 자식, 부부 등의 관계를 맺어 함께 생활하는 공동체다. 따라서 가족은 인류의 발생과 함께 있어온 인간 생존의 근거지가 된다. 그래서 하나님은 최초로 아담과 이브라는 부부가족을 통해 인류사를 시작했고, 이들에게 생육하고 번성하라는 축복을 내리신 것이다. 이는 바로 하나님의 인간에 대한 사랑이고 섭리다. 그래서 하나님은 너희를 사랑한 것 같이 너희도 서로 사랑하라는 계명을 내리셨다. 혹자는 문학에서 사랑이라면 남녀 간의 이성간의 사랑만을 내세우고 있는데 이는 우주자연의 순리를 왜곡하는 것이다. 우주 자연의 순리는 하나님이 인간을 사랑하신 것처럼 인간도 서로 사랑하는데 있다. 그리고 그 원천은 부모, 자식, 부부간의 가족사랑에서부터 시작된다. 그러기에 김 시인의 인간사랑은 가족사랑에서 비롯된다.

「세상 부러울 게 아무것도 없다」는 바로 가족 사랑의 단면을 보여주는 시다. 딸 사위, 아들 며느리 그리고 각시와 나 함께 모여 식탁을 함께 하는 것, 평범한 것 같지만 이것이 바로 행복이라는 것을 진솔하게 드러내고 있다. 「나보다 더 잘 꿰고 있다」에서는 부부의 깊은 사랑을 그들의 다정한 대화를 통해 보여주고 있다. "40년 세월의 내공이 신비에 가까운 통찰력이다"라고 했는데 김 시인의 이러한 가족 사랑의 시는 다른 가족들도 대개는 경험할 수 있는 수준이다. 그럼에도 불구하고 이 시가 돋보이는 것은 바로 가족 사랑이란 가족들의 특출한 어떤 행위에 있는 것이 아니라 삶의 가치나 행복은 바로 가족들이 함께 모여 식탁을 나누는 일상의 삶에 있음 일깨워주고 있다는데 있다.

김 시인은 호를 무봉(無縫)이라 했다. 꿰매거나 꾸밈이 없는 자연 그대로의 삶, 자연의 순리를 따른다는 암묵적 메시지가 아닐까. 그래서인지 그의 시는 현란한 기교나 수사보다 청산의 계곡을 낭랑하게 흘러가는 물소리처럼 맑고 순수하면서도 진지하다. 뿐만 아니라 그의 시는 먼저 존재에 대한 진지한 성찰을 거쳐 마침내 섭리와 순리의 도를 터득하게 되었고, 그것을 자연과 인간의 온전한 사랑으로 합일시키는 사랑의 시학으로 꽃을 피우게 된 것이다.

김기욱 제3시집

가마우지의 한 나절

2017년 3월 25일 인쇄
2017년 3월 25일 발행

지은이 김 기 욱
펴낸이 신 용 호
펴낸곳 창조문학사

서울 서대문구 가좌로 86 동천아카데미 5층
등록번호 제1-263호
전화 374-9011, Fax 374-5217
공급처 한국출판협동조합 전화 716-5616~9

저자와 협의에 의해 인지를 생략합니다.
파본은 바꾸어 드립니다.
값 10,000원
ISBN 978-89-7734-438-9